AF369692

NOTICE

SUR

HONORÉ DU LAURENS

AVOCAT-GÉNÉRAL AU PARLEMENT DE PROVENCE

PAR

M. MOUAN

AIX,

IMPRIMERIE ILLY, RUE DU COLLÉGE, 20.

NOTICE

SUR

HONORÉ DU LAURENS

AVOCAT GÉNÉRAL AU PARLEMENT DE PROVENCE

Par **M. Mouan**.

Ce magistrat se recommande à notre attention, non-seulement par les travaux relatifs à l'exercice de sa charge et par son zèle pour la justice, mais encore par ses vertus, son amour pour la religion et par le rôle important qu'il fut appelé à remplir pendant les troubles de la ligue.

Du Laurens naquit à Tarascon, le 7 mars 1554, de Louis du Laurens, célèbre médecin, et de Louise de Castellan, sœur d'un médecin de Charles IX. Une généalogie de la famille du Laurens, restée manuscrite, renferme sur cette maison des détails curieux présentés avec une naïveté qui n'est pas sans quelque charme (1). Jeanne du Laurens, sœur de notre ma-

---

(1) Généalogie de MM. du Laurens descrite par moy Jeanne du Laurens veufve à M. Gleyze et couchée nayvement en ces termes, le 1er juillet 1631. *Bibliothèque d'Aix, Recueil* mst. *in-fol.* n° 843.

gistrat et auteur de cette généalogie, nous apprend que ses parents étaient originaires de Savoie, d'un village nommé Pignet près de Chambéry, qu'ils eurent dix enfants, dont deux furent archevêques, et un troisième, médecin de Henri IV ; puis elle ajoute : « Ma mère se voyant pauvre et accablée de charges perdoit courage n'eust été la fiance qu'elle avoit en Dieu, jointe à la probité et soin de son mari qui la consoloit ordinairement. »

Destiné à l'exercice de la médecine, le jeune du Laurens fut envoyé à Paris pour y étudier cette science. La généalogie contient sur ses premières années quelques notions assez piquantes qu'on nous saura peut-être gré de reproduire : « Pour mon frère Honoré, il estoit aussi à Paris aux dépens de l'héritage de M. de Castellan notre oncle, mais jusqu'alors il n'avoit guère bien employé son temps, estudiant en médecine mais à contre cœur, ce que voyant mon frère Charles quoyque plus jeune prit la hardiesse de luy dire : mon frère pardonnés moy s'il vous plaist ce que je veux vous dire. Vous estes mon aîné et vous estes plus ignorant que moy en la Faculté que nous estudions. Si vous sçaviez la charge qu'a nostre maison, vous employerés mieux le temps que vous ne faites en vous addonant à la vertu ; nous sommes dix enfants, nos parents n'ont pas grands moyens, si nous ne nous évertuons nous serons misérables. Alors mon frère Honoré lui dit : Tout enfant qui se fie au bien de son père ne mérite pas de vivre. Il faudroit que nostre père fut magicien pour nous laisser du bien et avoir tant d'enfants, nous luy sommes assés obligés de nous avoir laissé l'estre que nous tenons de luy. L'on est ce que l'on veut en s'exerçant à la vertu et je ne quitterois pas ma part d'estre un jour premier président en Provence si l'on me laissoit estudier aux loix. Ce que vous me dites que je suis ignorant provient de ce que ma volonté n'est pas d'estre médecin et ny fairay jamais rien qui vaille. Alors mon frère Charles écrivit à mes père et mère la volonté de mon dit frère qui fut la cause qu'ils l'envoyerent querir disant entr'eux : pour les enfants Dieu inspire quelquefois de suivre la vocation qui leur est nécessaire et ne les faut pas contrecarrer. Estant icy il dit à ses parents ; je vous donneray contentement en sorte que vous n'aurés sujet de vous plaindre de moy..... Je me penerey tant que je pourray. En se peinant on parvient, nul bien sans peine, heureux ceux qui se peinent car l'oisiveté est mère de tout vice et mechanceté. Par ainsi voyant sa résolution l'envoyèrent à Turin où il se rendit brave en peu de temps en droit et s'aquit du renom en cette Université. »

Après avoir terminé ses études à Turin, le jeune du Laurens se rendit à Aix où il passa docteur et fut ensuite reçu avocat au Parlement. « Vous me dirés, dit la généalogie, comment est-ce que ma mère pouvoit faire estudier et passer docteur ses enfants, le père

ayant laissé si peu de rentes ; je réponds qu'il avoit
acquis et laissé quelques piéces dont ma mére se se-
couroit ; car quand elle vouloit faire passer docteur
quelqu'un des enfants ou mettre pour les faire estudier,
elle vendoit l'une de ses piéces, en mettoit l'argent dans
une bourse et de cela les faisoit apprendre ou graduer
sans rien emprunter. »

Bientôt les succès de du Laurens au barreau furent
immenses. « Un jour arriva une cause qu'il plaida et
gagna sans avoir parlé à sa partie ni avoir veu ses
papiers, seulement le procureur luy avoit dit le sujet,
et sur le discours de l'adverse partie il répondit si per-
tinemment qu'il emporta gain de cause, ce qui le fit
admirer de tous, veu mesme que le procureur y répu-
gnoit, sachant qu'il n'estoit point préparé (1). »

François de Ulmo, avocat-général au Parlement,
juste appréciateur du mérite de du Laurens, dit à un
conseiller : « Si M. du Laurens vit l'âge d'un homme,
il sera l'un des rares hommes de son temps. Alors le
conseiller : vous devriés luy donner vostre fille, auquel
répondit le sieur d'Ulmo plust à Dieu que cela fust. Dès
lors le dit sieur conseiller parla de mariage et le fit-on
sçavoir à ma mère laquelle ni vouloit entendre disant que de marier ainsi un jeune homme dénué de
moyens ce serait rendre une maison plus que misérable ;
mon frère Charles fit tant que le mariage se fit, et mon
frère Honoré depuis se tint à Aix où il avocassa et

____

(1) Généalogie de MM. du Laurens.

se rendit de plus en plus capable en sa vacation, fort posé et arresté..... (1). »

A la mort de François de Ulmo, arrivée en 1581, du Laurens, alors âgé de 27 ans, fut appelé à lui succéder, par des vœux unanimes. Lorsqu'on le reçut, le 28 de novembre, dit un de nos historiens, il était encore fort jeune d'âge mais vieil de savoir, doué d'un esprit divin et d'une mémoire admirable, se portant avec toute intégrité et beaucoup de belles et grandes actions en cette magistrature (2).

Pendant les dix-huit années qu'il occupa ce poste éminent, notre magistrat ne cessa de donner l'exemple d'une exactitude rigoureuse à remplir tous les devoirs que ses fonctions lui prescrivaient. Dans ces études sur les anciennes illustrations de notre Parlement, nous recherchons, avant tout, les faits d'un intérêt public à l'occasion desquels ces grands magistrats aimaient à faire ressortir leur amour pour la parfaite administration de la justice et leur zèle pour le maintien des priviléges de la compagnie. — Je choisirai deux actes dans la carrière parlementaire de du Laurens, où il se montra le digne émule de tant d'illustres confrères.

Les questions de préséance et de cérémonial préoccupèrent toujours nos grands corps politiques et judi-

(1) Généalogie de MM. du Laurens.

(2) César Nostradamus, *Histoire et Chronique de Provence*, pag. 805.

ciaires. Or, en 1584, les consuls d'Aix faisaient des difficultés pour se rendre à l'audience d'ouverture du Parlement, parce que cette solennité concordait avec le jour fixé pour l'élection consulaire ; ils demandaient néanmoins des commissaires à la Cour, pour assister aux nouvelles élections. Alors du Laurens représente que le viguier et les consuls doivent se trouver présents à l'ouverture du Parlement, et qu'ainsi il y a lieu de procéder aux nouvelles élections à tel autre jour et à telle autre heure, hors le service de la Cour, à peine de mille écus d'amende et de nullité de l'acte. Vainement l'assesseur fait observer qu'il n'existe aucune loi ni ordonnance qui obligent le corps consulaire à assister à l'audience de rentrée ; le Parlement s'empresse de faire droit aux observations de l'avocat-général, et ordonne que des commissaires seront députés pour assister à l'élection des consuls, à laquelle il ne sera procédé qu'après l'ouverture du Parlement ; de plus, il fait défenses à tous les officiers du Roi de s'y trouver auparavant, à peine de nullité, et enjoint aux viguier et consuls d'assister à l'ouverture du Parlement, à peine d'amende, etc. (1).

Le 2 octobre 1597, du Laurens fut chargé de la mercuriale d'usage. Cette pièce mérite que nous nous y arrêtions quelques instants. Outre le tableau qu'elle nous offre des mœurs de l'époque, elle peut encore

(1) Hesmivy de Moissac, *Histoire* mst*, du Parlement de Provence,* pag. 125.

être considérée comme le résumé de la vie judiciaire de notre magistrat.

« La vraie mercuriale et réformation doit commencer en ce qui regarde l'honneur de Dieu... Nous supplions la Cour, qu'aux occasions qui se présenteront où y va du service de Dieu, comme aux affaires des églises, monastères, hôpitaux, ordonnances sur l'entretènement de la discipline ecclésiastique ou monastique, punition des blasphêmes, etc., y porter le zèle et affection qui est requis, soit à l'expédition et préférence à tous autres affaires... afin que la piété et la religion puissent, par la grâce de Dieu, et par les soins et vigilance des magistrats, être maintenus en son intégrité, et, de plus en plus, augmenter en cette province. »

Cet hommage solennel ainsi rendu à celui de qui émane toute justice, du Laurens appelait l'attention des magistrats sur l'instruction publique, la justice subalterne, les procès que des parents ou alliés des juges pouvaient avoir au Parlement, et sur une foule d'autres objets relatifs à la discipline.

« Après l'honneur de Dieu, il n'y a rien de plus digne du soin du magistrat que l'instruction de la jeunesse, pour l'avancement de laquelle il plaira à la Cour d'affectionner le collége de cette ville... avoir l'œil à la police d'icelui, faire que *messieurs* se trouvent aux disputes, déclamations et autres exercices de lettres pour donner courage aux écoliers, et tenir en devoir les précepteurs et régents.

« Pour pourvoir aux abus et désordres qui sont en la justice inférieure et subalterne dont il y a de grandes plaintes, que la Cour fasse un règlement ou qu'elle députe des commissaires pour y aller par forme de mercuriale, rafraîchir et remettre en observation les anciens réglements ou établissements, et si, par après, ils venaient à y contrevenir, qu'ils soient souverainement et rigoureusement punis, sans trouver excuse ou ignorance.

« Messieurs sont admonestés de ne recommander les procès de leurs parents ou alliés, ni se trouver dans la chambre lorsqu'on traite desdites affaires, pour n'empêcher la liberté des juges et ne donner aucune sinistre opinion aux parties (1). »

Heureux notre magistrat si des circonstances orageuses ne l'eussent point détourné de ses paisibles fonctions !

Déjà les troubles de la ligue commençaient à exercer leur funeste influence même au sein de la compagnie : Pourquoi du Laurens joua-t-il un grand rôle dans ces scènes mémorables ; pourquoi chez un homme aussi éclairé que prudent, le zèle pour la religion franchissant de justes bornes, lui fit-il embrasser avec ardeur le parti de la ligue ? C'est que la force des choses entraîne et entraînera toujours les esprits au-delà du

____

(1) Parlement de Provence. Mercuriales et remontrances *mst.*

but qu'ils se proposaient d'atteindre, et qu'il est plus facile de s'associer à un grand mouvement que de le régler et de le maîtriser.

On le sait , le jour où le chef de la confédération en Provence, Garde de Vins, voulut contraindre les membres du Parlement à signer l'union, l'harmonie cessa d'exister parmi eux. Bientôt le Parlement se divise en deux fractions : à Pertuis, c'est le Parlement royal qui obéit au roi de Navarre ; à Aix, c'est le Parlement de la ligue qui ne veut être soumis qu'au cardinal de Bourbon, ce fantôme de souverain, sous le nom de Charles X.

Si du Laurens fut le seul membre du parquet qui demeura dans Aix avec les magistrats opposés à Henri IV ; si les ligueurs trouvèrent en lui un apologiste fervent de leurs démarches, s'il consentit à se charger de diverses missions, n'en attribuons la cause qu'à son zèle pour les intérêts de la religion qu'il croyait compromis par les menées du parti contraire. Rendons toujours hommage à sa bonne foi, et gardons-nous de le blâmer quand il ne prenait que sa conscience pour mobile de ses actions.

Je ne veux donc dissimuler aucun des actes de du Laurens pendant les troubles. Je dirai qu'il présida les États convoqués par le parlement d'Aix et tenus à Marseille. Là, il fut délibéré de réclamer le secours d'Emmanuel de Savoie, et de faire une levée de troupes considérable pour les opposer aux forces que Lavalette

réunissait contre les ligueurs. On sait que le duc de
Savoie , puissamment secondé par Chrétienne d'A-
guerre, comtesse de Sault, fut investi, dès son arrivée
à Aix, de l'autorité souveraine par le Parlement, qu'il
se dirigea successivement sur Pertuis et sur Salon, et
que, contraint par la rigueur du temps, de mettre ses
troupes en garnison , il demanda qu'il fut pourvu à
tous leurs besoins, tout en protestant de son zèle iné-
branlable pour la cause de la religion.

Je suivrai du Laurens à son voyage à Rome , au
commencement de l'année 1591 , dans le but d'inté-
resser le Pape aux destinées de la Provence. Le 6 avril,
il écrivait la lettre suivante à la Compagnie ;

« Messieurs , Sa Sainteté m'a donné fort bénigne
audience..... Elle loue grandement la constance que
vous avez témoignée en cette cause dont elle a toujours
en très bonne relation. J'ai eu réponse à tous les chefs ;
elle est digne d'un si grand pasteur que Dieu a véri-
tablement choisi en ce temps, pour survenir aux né-
cessités de son église. S. S. a fait déclaration et fulmi-
nation contre le roy de Navarre prétendu et lancé un
monitoire contre les adhérents..... Les bulles seront
bientôt envoyées, et je juge qu'elles seront de grand
effet. J'ai vu ouvrir les thrésors, quelque contradiction
et murmure qu'il y ait eu, pour le secours des affaires
de France. On en a tiré 500,000 escus, etc. (1). »
Mais toutes ces pompeuses démonstrations ne devaient

(1) Hesmivy de Moissac, pag. 163.

se résoudre qu'en des secours spirituels accompagnés d'une bulle qui ordonnait aux ecclésiastiques, princes, seigneurs, villes et communautés, de quitter et abandonner dans quinze jours le parti du roi, sous peine d'excommunication.

Je mentionnerai encore toute la part que prit du Laurens à la nomination de Génébrard, comme archevêque d'Aix, après la mort de Canigiani, *pensant*, écrivait-il encore de Rome, *que sa doctrine, intégrité de vie et son zèle pour la religion sont assés cogneus de la Cour, ce qui seroit un grand bien pour la Provence et en particulier pour la ville d'Aix.* De son côté, le prélat, dans une épître placée en tête de son Traité de la liturgie, qualifiait du Laurens *d'une des plus claires lumières et spécieux ornements du païs.*

Envoyé à Paris comme député aux États-généraux de la ligue, convoqués par le duc de Mayenne, dans le but de procéder à l'élection d'un roi catholique, notre magistrat est nommé député du tiers-État. Le 22 novembre 1592, il écrivait au Parlement :

« Mgr de Mayenne a fait publier et proclamer l'assemblée des États-généraux en cette ville de Paris, le vingtiesme du mois prochain de décembre au grand contentement de tout ce peuple... On attend ici dans fort peu de jours M. le prince de Parme avec autres grands seigneurs, pour prendre tôt quelque bonne et sainte résolution avec nos princes catholiques qui s'y

trouveront presque tous en personne... On désire que
toutes choses se traictent avec douceur et tendent à
réconciliation et conservation de l'authorité de la justice
comme je pense que les résolutions qu'on en prendra
y sont conformes dont je vous advertiray plus ample-
ment, attendant, Dieu aidant, et de tout ce qui sur-
viendra, s'il se présente autre chose qu'il vous plaise
me commander m'y emploier et obéyr trés humblement
avec telle dévotion et affection que après vous avoir
salué, je prie Dieu, etc. (1). » Cependant les députés
aux États-généraux obtinrent quelque satisfaction : le
duc de Lavalette fut suspendu de l'exercice de sa
charge, et la direction des affaires confiée au Parlement.
« Les lettres-patentes contenant ces dispositions furent portées, dit de Haitze (2), à l'audience où était
un grand concours de peuple : après la lecture qui en
fut faite, du Laurens, de retour à Aix depuis peu de
temps, exalta la disposition du roi en cette rencontre,
afin de terminer les afflictions, les misères, les divi-
sions et les calamités que la province avait souffertes
par la haine et par la malice du gouverneur qu'il repré-
senta non comme un ange tutélaire et le conservateur
du pays, mais comme son mauvais ange et son des-
tructeur. Après l'arrêt pour la publication des lettres,
ce ne furent qu'acclamations par toute la ville, et tout

(1) *Mst.* intitulé : *Recueil du Parlement*, à la Bibliothèque
d'Aix.

(2) Hist. de la ville d'Aix, *mst*., tom. ii.

le monde ayant été enchanté par le discours de l'avocat-
général, chacun sortit de sa maison l'après-midi, pour
assister à la publication en cavalcade et son de trompe. »

Du Laurens se trouva encore présent aux confé-
rences de Surêne, dont l'ouverture eut lieu au mois
d'avril 1593. Là, les chefs des deux partis voulurent
essayer d'un accommodement. Pour les royalistes, l'archevêque de Bourges fit ressortir les avantages de la
paix, la nécessité de sacrifier la vengeance, les intérêts
particuliers et les haines personnelles. Au nom des
ligueurs, l'archevêque de Lyon insista beaucoup sur
cette union des esprits, tout en indiquant néanmoins
qu'elle devait s'opérer entre les catholiques contre les
sectaires. Mais un événement heureux devait bien
mieux contribuer que tous ces discours à amener une
conclusion. L'union fut bien près d'être scellée le jour
où l'archevêque de Bourges présenta aux ligueurs une
déclaration du Roi, attestant qu'il ne devait plus ap-
porter de délais à sa conversion.

La conduite de du Laurens, pendant ces confé-
rences, fut tellement prudente et habile, ses vertus
et ses qualités se montrèrent avec tant d'avantages,
qu'il parvint à conquérir l'affection de Henri IV. Il
professa dès lors pour ce prince un amour et un res-
pect sans bornes, tant il est vrai que les âmes vraiment
grandes et généreuses s'entendraient toujours parfai-
tement, si les passions politiques n'obscurcissaient pas

quelquefois la raison et ne comprimaient point les plus nobles sentiments !

Encore quelques années et du Laurens devait recevoir de la part du souverain un gage sincère de réconciliation, une marque non équivoque d'estime et de confiance.

En 1598, notre magistrat est nommé à la première présidence du Parlement de Provence. « Pendant mon séjour à Paris, dit la généalogie déjà citée, feu mon frère escrivit une lettre à mon frère l'avocat général, le sujet de laquelle estoit que l'estat de premier président d'Aix estoit vaquant et qu'il le prioit de se disposer à le prendre, qu'il estoit en son pouvoir et ne lui couteroit pas un liard ; je luy ai vu refuser ce qu'il s'estoit présagé à Paris, parlant à mon frère Charles, tout jeune qu'il estoit comme j'ay dit ci-devant. » — Fatigué par diverses luttes, dégoûté des grandeurs de la terre depuis la mort de son épouse et livré presque d'une manière exclusive aux pratiques de piété, du Laurens n'accepta donc point le poste éminent qui lui était offert et dans lequel il ne croyait pas pouvoir faire tout le bien qu'il aurait désiré. — Peut-être le trouvait-il incompatible avec les sentiments d'abnégation profonde dont il était animé. « Dans Aix, dit l'historien Pitton (1), on a remarqué qu'il fut dans la compagnie des pénitents-blancs des Carmes, un rare exemple d'une grande piété et d'une humilité singu-

(1) Annales de la Ste-Église d'Aix, pag. 246.

lière, portant toujours la croix à pieds-nus dans les processions publiques. »

Bientôt à l'exemple d'autres magistrats, du Laurens se consacra au service des autels, et, en 1600, il fut appelé par Henri IV, à l'archevêché d'Embrun. Le monarque auquel il alla rendre hommage, lui dit alors ces simples et touchantes paroles : « Soyez-moi désormais autant ami que vous m'avez été ennemi. » Il lui obtint en outre du Pape l'expédition gratuite de ses bulles.

Du Laurens refusa d'abord la nouvelle dignité à laquelle il était promu. « Mon frère, dit la généalogie citée, qui pour lors estoit veuf et vivoit en religieux, s'excusa disant qu'il étoit indigne de cette charge et qu'il avoit assez affaire à gouverner son âme sans prendre peine à conduire celle des autres. » Et Pitton : « Toutefois appréhendant la prélature comme un écueil, il s'enfuit à Rome où il se cacha si bien qu'il n'y fust reconnu que par hasard ; pour lors le Pape l'obligea à subir le joug et il fust à Paris (1). » Il céda donc à de pressantes instances non sans beaucoup de difficultés. « Ayant accepté cette charge, dit encore la généalogie, il tacha de s'en acquitter au plus près de son devoir menant une vie apostolique et fort exemplaire. Il alloit toujours à pied dans ses visites, il preschoit ordinairement et estant en un lieu d'hérétiques,

(1) Annales de la Ste-Église d'Aix, pag. 245.

il en convertit beaucoup estant bien versé aux contro-
verses. Il vesquit douze ans archevêque, etc. »

Nous ne suivrons pas plus longtemps Honoré du
Laurens sur ce siége d'Embrun où il donna l'exemple
de toutes les vertus. Bornons-nous à citer ces paroles
du jésuite Fournier, auteur d'une Histoire manuscrite
de l'archevêché d'Embrun et rapportées par Honoré
Bouche (1) : « Depuis St-Marcellin premier évêque
de cette ville l'an 310 et St-Pelade qui vivait l'an 513,
il ne s'est pas présenté personnage en l'archevêché
d'Embrun, qu'on puisse plus asseurement qualifier du
nom de saint que celuy-cy, encore qu'on attribue le
même titre de saint à sept ou huit autres archevêques
de la même ville. »

Du Laurens se trouvait à Paris, au mois de mai 1610,
à l'époque de l'assassinat de Henri-le-Grand. Il eut la
triste consolation de conférer lui-même l'absolution au
malheureux monarque. Moins de deux ans après l'o-
dieux attentat, et le 24 janvier 1612, le digne prélat
rendait son âme à Dieu à Paris, pendant qu'on l'opé-
rait de la pierre, peu de jours après avoir prêché
devant le roi Louis XIII. Il fut enseveli au bas des
degrés du maître-autel de l'église des Grands-Au-
gustins (2). « Il mourut pauvre, donnant tout aux
indigents. Il avoit un fils nommé Jean-Baptiste, qui

(1) *Histoire chronologique de Provence*, tom. II, p. 840.
(2) Notice du Parlement de Provence, par le P. Bicaïs.
Mst.

mourut abbé de Sénanque et encore une fille nommée Loyse, mariée à Manosque, avec M. Hubert de Lincel, seigneur de St-Martin, l'an 1599 (1). »

Du Laurens avait composé quelques écrits à peu près oubliés aujourd'hui. Le seul qui nous paraît mériter quelque attention est le panégyrique de l'*Hénoticon* ou édit de Henry III, roi de France et de Poloigne, sur la réunion de ses sujets à l'église catholique, apostolique et romaine, avec une sommaire exposition d'icelui et ample discours des moiens de purger les roïaumes d'hérésies, troubles et séditions. Aix, Guillaume Maillou, 1586, in-8°. — Par l'*Hénoticon* rendu en juillet 1585, Henri III révoquait les précédents édits de pacification : Tout exercice de la religion prétendue réformée était proscrit dans l'étendue du royaume et les ministres obligés de quitter la France dans le délai d'un mois. Tous sujets atteints d'hérésie étaient déclarés incapables d'exercer aucune charge ; les princes, pairs de France, conseillers, chevaliers, gouverneurs, maires et échevins, devaient promettre et jurer solennellement de garder et observer d'une manière inviolable *iceluy nostre édict*. Telles étaient les dispositions rigoureuses dont du Laurens se déclarait le fervent apologiste.. D'après lui, rien de plus juste que la guerre contre les hérétiques, alors que l'hérésie était la cause de tous les malheurs de la France. Ainsi, point de paix avec les prétendus

(1) Généalogie de MM. du Laurens.

réformés. Pour entretenir les hommes dans un parfait accord, l'union de foi est d'une absolue nécessité, tandis que la diversité des religions est une source fréquente de révoltes. Certes ! nous sommes bien éloignés de nous déclarer les partisans de semblables maximes, mais on conçoit qu'un homme profondément religieux les ait émises au XVIme siècle. A cette époque, l'opinion publique accusait les partisans de la réforme en France, de nourrir des pensées d'anarchie et des projets de soulèvement ; elle les dépeignait aux souverains *non-seulement comme des hérétiques altérant la vérité religieuse, mais encore comme des républicains prêts à devenir des rebelles et à bouleverser l'ordre monarchique* (1). La lecture du panégyrique de l'*Hénoticon* est curieuse comme monument historique. Pitton représente cet écrit comme un précis des lettres saintes et humaines et de ce qu'il y a de plus beau pour son sujet dans les pères, les conciles, les canons, les historiens, les philosophes et dans les trésors des langues (2). C'est là évidemment un éloge exagéré, mais qu'expliquent la partialité et le manque de critique de l'ancien historien de la ville d'Aix.

(1) Expressions de M. Mignet, dans le second article qu'il a consacré à la publication des lettres de Jean Calvin, par Jules Bonnet. *Journal des Savants*, février 1857.

(2) Annales de la Ste-Église d'Aix, pag. 246.

www.ingramcontent.com/pod-product-compliance
Lightning Source LLC
LaVergne TN
LVHW021909180726
843502LV00008B/2983